LA NOURRICE RÉPUBLICAINE

OU

LES PLAISIRS DE L'ADOPTION;

COMÉDIE EN UN ACTE

MÊLÉE DE VAUDEVILLES;

PAR le C. PIIS.

Représentée sur le Théâtre du Vaudeville, le 5 Germinal, an deuxième de la République.

Prix : trente sols, avec la musique.

A PARIS;

CHEZ le Libraire, au Théâtre du Vaudeville;
Et à l'Imprimerie, rue des Droits de l'Homme,
N°. 44.

An deuxième.

PERSONNAGES.	ACTEURS.
	Les CC.
Le Père DESCHAMPS.	Duchaume.
La Mère DESCHAMPS.	Femme Duchaume.
DESCHAMPS, l'aîné.	Carpentier.
CADET.	Sophie Bellemont.
BENJAMIN.	Le petit Blosseville.
LE MAIRE.	Bourgeois.
LE GREFFIER.	Fichet.
DEUX OFFICIERS MUNICIPAUX.	
GARDE NATIONALE.	
CHŒUR.	

LA NOURRICE RÉPUBLICAINE

OU

LES PLAISIRS DE L'ADOPTION,

COMÉDIE,

EN UN ACTE, MÊLÉE DE VAUDEVILLES.

Le Théâtre représente une place publique. D'un côté, est la maison commune ; de l'autre, la maison de Deschamps.

SCÈNE PREMIÈRE.

La Mère DESCHAMPS, *seule, à la porte de sa maison, entre deux berceaux qu'elle agite tour-à-tour.*

AIR *de la Carmagnole.*

1er. *Couplet.*

Au mouvement d'une chanson,
Qui des tyrans fut la leçon ;
J'aime à bercer à l'unisson,
Et mon fils et mon nourrisson :
  Jadis un pauvre enfant
  Craignait un revenant.
  Avec la carmagnole,
  Le cœur lui vient,   (*bis.*)
  Avec la carmagnole,
Le cœur lui vient en dormant.

(4)

2ème. Couplet.

Voilà mon nourrisson câlin,
Qui r'ouvre encor un œil malin ;
Au lieu de me tendre la main,
veux-tu bien t'endormir soudain :
   C'est un bon gros garçon,
   Sans souci, bon luron,
   Qu'on n'aura pas de peine
   A faire au bruit,   (bis.)
   Qu'on n'aura pas de peine
   A faire au bruit du canon.

3ème. Couplet.

Pour toi, mon fils d'entre mes bras,
Aussitôt que tu sortiras ;
Sur tes petits pieds delicats
Aussitôt que tu poseras,
   Petit tambour battant,
   La carmagnole aidant.
   J'espere, en bonne mère,
   Te mettre au pas,   (bis.)
   J'espère en bonne mère,
   Te mettre au pas des soldats.

Bis. En baissant la voix.

Les voilà tous les deux bien endormis. (*Elle se lève, rentre les deux berceaux, et revient, puis ouvre la croisée qui donne sur la place.*) Je ne peux pas me lasser de les regarder .. entrouvrons encore cette fenêtre... Que leur sommeil est intéressant !

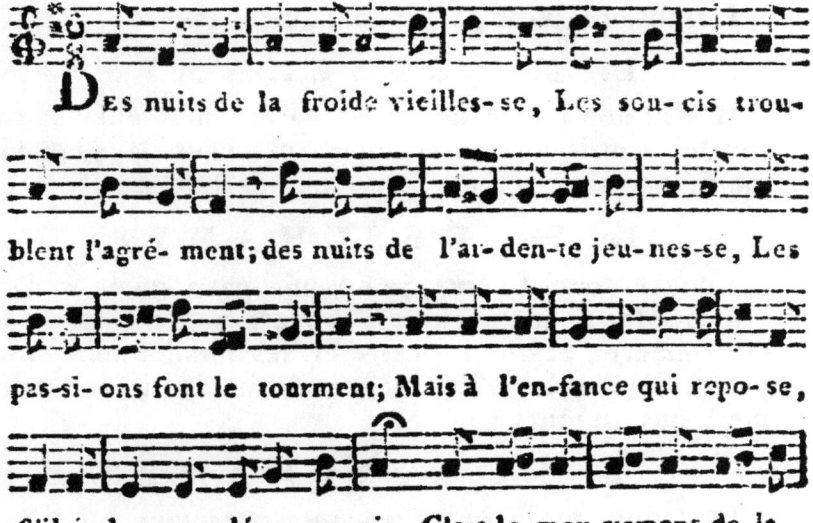

Des nuits de la froide vieilles-se, Les sou-cis trou-blent l'agré-ment; des nuits de l'ar-den-te jeu-nes-se, Les pas-si-ons font le tourment; Mais à l'en-fance qui repo-se, S'il é-chappe un léger sou-pir, C'est le mou-vement de la

ro-se, Qu'agite en passant le zéphir, C'est le mou-vement

de la ro-se, Qu'agi-te en pas-sant le zé-phir.

SCENE II.

La Mère DESCHAMPS, Le Père DESCHAMPS.

Le Père DESCHAMPS.

Eh bien?

La Mère DESCHAMPS.

Eh bien?

Le Père DESCHAMPS.

Deschamps n'est pas encore ici?

La Mère DESCHAMPS.

Hélas! non, mon diner est prêt, mes enfans sont couchés; mais je suis, comme toi, dans la plus vive inquiétude de ce que notre ainé n'arrive pas.

Le Père DESCHAMPS.

Ecoute donc, femme, je ne suis pas inquiet moi; il faut se faire une raison. S'il n'est pas ici dans une demi-heure, et que le maire et les municipaux soient exacts à la parole qu'ils viennent de me donner, nous nous mettrons toujours à table.

La Mère DESCHAMPS.

Oh! pour moi, je ne mangerai pas sans lui.

Le Père DESCHAMPS.

Parce qu'il nous a écrit du camp qu'il avait un congé de six semaines, et qu'il espérait être chez nous aujourd'hui, ce n'est pas une raison pour être à point nommé fidèle à sa promesse.

Air des Dettes.

Deschamps n'est pas encor ici,
Cela te donne du souci,
Et cela me désole; (*bis*)

Mais écoute donc, ma femme, si par hasard : (quoiqu'on t'ait déjà frotté d'importance.)

L'ennemi s'est représenté,
Deschamps à son poste est resté,
C'est ce qui me console. (*bis*)

La Mère DESCHAMPS.

Et tu me consoles à mon tour.

Le Père DESCHAMPS.

Où sont, cadet et Benjamin?

La Mère DESCHAMPS.

Je les ai envoyés au jardin pendant que j'endormais nos deux petits gats.

Le Père DESCHAMPS.

Va me les chercher, je t'en prie.

La Mère DESCHAMPS.

Comment, est-ce que tu ne leur donnes pas vacance aujourd'hui?

Le Père DESCHAMPS.

Badines-tu? Si je manque un seul jour à leur donner leçon... hain!

La Mère DESCHAMPS.

Tiens, tiens... Je les vois... ils sont tout près de notre fenêtre... Cadet, Benjamin, montez ici vous autres! votre papa vous demande.

LES ENFANS, *en dehors.*

Oui, maman.

La Mère DESCHAMPS, *à part*,

Il y a conscience.... Un jour où nous attendons leur aîné.... où nous traitons la municipalité, sans cérémonie à la vérité, mais avec toute la joie des bonnes gens. (*haut.*) dis-donc, mon homme, ne les tiens pas long-tems, car enfin, le citoyen maire et les municipaux n'auraient qu'à entrer tout d'un coup.

Le Père DESCHAMPS.

Eh bien ? Eh bien ? Qu'est-ce que cela me ferait ? Il y aurait là mille personnes à me regarder que je n'interromprais pas ma tâche.... (*La mère Deschamps sort.*) Venez Cadet et Benjamin. Vous avez votre petit catéchisme républicain ?

SCENE III.

Le Père DESCHAMPS, CADET, BENJAMIN.

LES ENFANS, *serrent l'un un tambour, l'autre un petit drapeau.*

Oui, papa.

Le Père DESCHAMPS, *prenant une chaise.*

Jusqu'à ce qu'un plus habile homme, Puisse leur donner

des talens, C'est la Nature qui me nomme L'institu- teur de

mes enfans, L'instituteur de mes enfans ; Rougirais-je d'un

pareil ti-tre! Bien au contrai-re ap-puy-ez-vous,

Mon pauvre père, il me faisait comme je vous fais à tous deux.

Je me souviens que ses genoux M'ont servi de pre-

mier pu-pi-tre, M'ont servi de premier pu-pi-tre.

Cadet, tu bats fort bien du tambour ; mais voyons si tu liras aujourd'hui sans épeller les trois mots que tu as assemblés hier.

CADET.

Oui, papa, mais il faudra que tu me fasses la demande.

Le Père DESCHAMPS, *une buchette à la main.*

Je le veux bien.

Air : *La beauté, la rareté, etc.*

Des Français généreux, quel est le cri fidelle !

CADET.

Liberté !

Le Père DESCHAMPS.

Entre toutes leurs loix, montre-moi la plus belle ?

CADET.

Egalité !

Le Père DESCHAMPS.

Et cette loi si sage, à quoi les mène-t-elle !

CADET.

A la Fraternité !

Le Père DESCHAMPS.
Pas mal ! pas mal ! à toi, Benjamin.

Même air.

L'être suprême à part, qui fixe notre hommage ?

BENJAMIN.
Liberté !

Le Père DESCHAMPS.
Qu'est-ce que garantit un gouvernement sage ?

BENJAMIN.
Propriété !

Le Père DESCHAMPS.
Qui de la république assure l'avantage ?

BENJAMIN.
Parfaite égalité !

Le Père DESCHAMPS.
A la bonne heure. Je suis content.

Même air.

De jouer, maintenant, je vous accorde entière
  Liberté
Mais comme, assurément, vous êtes ma plus chère
  Propriété.
  (*Il les embrasse tous les deux.*)
Dans votre récompense il me faut, en bon père,
  suivre L'égalité.

Allez. (*On entend frapper.*)

CADET.
On frappe, papa.

BENJAMIN.
Si c'était notre aîné !

CADET, *regardant par la fenêtre.*
Oh ! que non, ce n'est pas lui ! notre chien n'a presque pas aboyé ; mais si c'était lui, il n'aurait pas aboyé du tout.

Le Père DESCHAMPS.

Votre mère va ouvrir et je crois bien...

CADET.

Prendrai-je mon tambour ?

BENJAMIN.

Prendrai-je mon drapeau ?

Le Père DESCHAMPS.

Ce n'est pas la peine... Ils vont entrer. Vous serez bien sage, n'est ce pas ?

BENJAMIN.

Est-ce qu'ils sont avec leur écharpe ?

CADET.

Pourquoi donc seraient ils en écharpe, mon frère ? Ce n'est pas une noce, ni une fête publique aujourd'hui, c'est un petit diner de famille.

Le Père DESCHAMPS.

Et tu as raison, toi.

SCENE IV.

Les précédens, La Mère DESCHAMPS, LE MAIRE, Les Municipaux.

La Mère DESCHAMPS.

Eh bien, citoyen maire, comment vont les bleds ?

LE MAIRE.

Bien pour la saison.

Le Père DESCHAMPS.

Ça ne va pas mal non plus chez nous... Tenez regardez tant seulement par-dessus cette barrière, vous les verrez pointiller.

LE MAIRE et LES MUNICIPAUX.

Comme vous dites, ça s'annonce bien et ces jolis enfans là aussi.

La Mère DESCHAMPS.

Bien obligé.... Cadet, Benjamin, allez dire à nos bergers d'apporter toujours la table.

LES ENFANS.

Oui, maman. (*Ils sortent.*)

Le Père DESCHAMPS.

Citoyens, nous dînerons sous la treille ; elle n'est pas encore couverte; mais il fait un beau tems et un bon air....

LE MAIRE.

Bien vu, bien vu, je suis de son avis.

SCENE V.

Les précédens, *excepté* LES ENFANS.

La Mère DESCHAMPS.

Ecoute ici, citoyen maire, écoutez aussi vous deux. Venez voir par cette fenêtre.

LE MAIRE.

Ah! ah! c'est votre dernier, celui-là.

Le Père DESCHAMPS.

Elle est folle, de montrer toujours ses enfans.

La Mère DESCHAMPS, *d'un ton piqué.*

Tu as raison, mon homme.... j'en suis folle, c'est le mot. (*On apporte la table toute dressée ; mais sans être servie.*)

Personne ici ne vient, je gage, Que tu ne lui fas-

se bien voir Les succès de ton jar-di-na-ge ; Grenier, ca - ve,

grange et pressoir ; Mais ne t'en déplaise en ménage, Nous a-

vons notre orgueil cha - cun, Et j'aime à fai-re voir l'ou-

vra- ge, Qui nous ap- partient en commun.

LE MAIRE.

Elle a raison, ta femme, elle a raison.... ah ! ça, mais... quel est cet autre berceau ?

La Mère DESCHAMPS.

C'est, c'est mon nourrisson.... Vous avez entendu parler du père.. qui a cette grande propriété à côté de votre bien des bordes.

LE MAIRE.

Comment, c'est là le fils de...

Le Père DESCHAMPS.

Helas ! oui... Il a coûté la vie à sa mère.

LE MAIRE.

Et que fait donc le père à présent ? car... entre nous. il était un peu aristocrate.

Le Père DESCHAMPS.

Oh! oui.... il l'était un peu même beaucoup, mais...

La Mère DESCHAMPS.

Oh! il est changé de tout au tout.

AIR : *Il n'est qu'un pas du mal au bien.*

De sa caste aristocratique,
Pour jamais il s'est éloigné.

Le Père DESCHAMPS.

Au même corps que notre aîné
Il combat pour la république.

LE MAIRE, *doutant*

Disons ; s'il est bon citoyen :
Il n'est qu'un pas du mal au bien.

Le Père *et* La Mère DESCHAMPS.

Croyez qu'il est bon citoyen,
S'il n'est qu'un pas du mal au bien.

SCENE VI.

Les précédens, CADET, BENJAMIN.

CADET.

Papa! maman! on a vu notre frère dans la commune. Il va venir, il va venir.

BENJAMIN.

C'est que tout le monde lui fait des questions.

La Père DESCHAMPS, *à sa femme.*

Fais servir tout de suite.

La Mère DESCHAMPS.

Je t'avais bien dis, moi, qu'il viendrait

Les Enfans.

Le voilà, le voilà, le voilà. (*On se précipite autour de lui et on l'embrasse. Pendant ce tems on sert.*)

SCENE VII.

Les précédens, DESCHAMPS, aîné

Le Père DESCHAMPS.

Assieds toi une minute.

La Mère DESCHAMPS.

Comme il doit être las ?

DESCHAMPS, aîné.

Badinez-vous ? Je n'oterai pas mon havresac que je ne vous aye dit ce que j'ai déjà dit à tout le monde.

La Mère DESCHAMPS.

Qu'est-ce que c'est donc ?

DESCHAMPS, aîné.

Qu'est-ce que c'est ? Ecoutez.

AIR: *Accompagné de plusieurs autres.*

1er *Couplet.*

Depuis la prise de Toulon,
Vous savez par relation
Quelles nouvelles sont les nôtres :
Vous en avez eu tour-à-tour,
De Landau, puis de Wissembourg ;
Je viens vous en apprendre d'autres.

2ème *Couplet.*

L'ennemi, de Spir écarté,
En fuyant avoit projetté
De faire bomber tous les nôtres ;
Mais.... mille bombes !

Les soldats de la liberté,
fort à propos ont éventé
Cette mèche comme les autres.

3ème. Couplet.

La bayonnette aux reins, vraiment,
On a poursuivi l'allemand ;
Mais jugez du zèle des nôtres :
Nos blessés, sur la neige assis,
Brulans d'ardeur étaient transis,
De ne pouvoir suivre les autres (1).

4ème. Couplet.

Anglais, espagnols, allemands,
Par les ordres de vos tyrans ;
Vous aurez beau faire des vôtres,
Nous vous apprendrons qu'un succès
Est toujours, avec les Français, } Bis. En chœur.
Accompagné de plusieurs autres.

La Mère DESCHAMPS.

C'est bien vrai... Attends maintenant que je te débarrasse de ton havresac... et vous autres mettez vous à table.

DESCHAMPS, aîné.

Merci, bonne maman, merci.

Le Père DESCHAMPS.

Allons, allons, citoyen maire, sans cérémonie.

LE MAIRE.

Comme vous dites.... Ton aîné nous a mis en appétit.

La Mère DESCHAMPS.

Nous sommes à vous... C'est que je vais le mener chez un de ses parens qui ne peut venir au devant de lui.

DESCHAMPS, aîné.

J'entends.

La Mère DESCHAMPS, *lui montrant son marmot.*

Tiens.

---

(1) On substitue des couplets im-promptus à ceux-ci, dès qu'il y a de nouvelles victoires à célébrer.

DESCHAMPS, aîné.

Ah! maman, que je l'embrasse.

La Mère DESCHAMPS.

Doucement, ne l'éveille pas.

DESCHAMPS, aîné.

Pardonne, pardonne ami... Je t'oubliais pour parler d'abord des intérêts de la grande famille.

La Mère DESCHAMPS.

Embrasse donc aussi mon nourrisson.... Son père doit être bien sûr que j'en ai grand soin.

DESCHAMPS, aîné, *tristement*.

Il doit en être sûr.

La Mère DESCHAMPS.

Qu'as-tu donc? Tu pâlis... Ta route t'a sûrement fatigué... Eh vite... Eh vite... mon homme un verre de vin.

DESCHAMPS, aîné, *tristement*.

Ce n'est rien, ce n'est rien, je ne me trouve pas mal; c'est la route, mes guêtres m'ont un peu serré les jambes.... mais cela se passera. (*Les enfans s'élancent et lui prennent chacun une jambe. La mère lui desserre sa cravatte, le père lui donne à boire.*)

LE MAIRE, *aux municipaux*.

AIR : *Mais tout est à votre service.* (Du prix.)

Pauvre jeune homme, quel malheur
Qu'un tel accident lui survienne,
Lorsque la fête en son honneur,
Entre nous tous commence à peine.

DESCHAMPS, aîné.

Ah! gardez-vous de vous attendrir,
Déjà ma lassitude cesse;
En est-il qui puisse tenir,
Contre un tel surcroît de tendresse!

Les chers enfans, ils m'ont ôté mes guêtres aussi vite que j'aurais pu faire.

(*On se met à table.*)

La Mère DESCHAMPS.

Un peu de soupe, mon garçon, un peu de soupe.

DESCHAMPS, ainé.

Volontiers.

Le Père DESCHAMPS.

Un peu de vin dans le bouillon.

DESCHAMPS, ainé.

Oh ! vraiment ça ira.... ça va... Soyez tranquilles.

LE MAIRE.

Je ne suis pas étonné de ce que les Français ont gagné de nouvelles victoires ; je ne suis pas étonné de ce que Deschamps a fait son devoir, c'est tout simple ; mais je suis si content de ce que le père de votre nourrisson a pris le bon parti, que je veux boire le premier à sa santé.

(On verse.)

DESCHAMPS, ainé, *encore rêveur.*

Je vous demanderai la permission de m'en dispenser.

La Mère DESCHAMPS.

Tu m'effrayes... Est-il blessé ?

Le Père DESCHAMPS.

Est-il mort ?

DESCHAMPS, ainé.

S'il était mort à notre tête, au champ d'honneur, est-ce que je m'attristerais ?

La Mère DESCHAMPS.

Tire-nous d'inquiétude...

Le Père DESCHAMPS.

Ne nous cache rien... (*On se lève tous de table.*)

LE MAIRE.

Certain pressentiment funeste...

B

LES DEUX PETITS DESCHAMPS.

Papa ! maman ! qu'est-ce que vous avez donc ?

DESCHAMPS, aîné, à son père et à sa mère.

Air *de la Parole.*

Ce traître et lâche ci-devant,
Dont il faut que le nom s'oublie,
A, malgré notre espoir brillant,
Gagné la frontière ennemie.

Le Père DESCHAMPS.

Qu'il faut avoir le cœur méchant !

La Mère DESCHAMPS.

Qu'il faut avoir de barbarie !

Le Père DESCHAMPS.

Pour laisser là son pauvre enfant,

DESCHAMPS, aîné et LE MAIRE.

Et pour laisser là, (bis) sa patrie. (bis.)

LE MAIRE.

Convenez que cet homme-là ne vous payait pas exactement les mois de nourrice de son fils.

La Mère DESCHAMPS.

Ma foi, citoyen maire, tu l'as deviné. Je ne croyais pas devoir en être inquiète, et je n'en parlais pas même à mon mari.

Le Père DESCHAMPS.

Eh ! bien, ma femme, que veux-tu ? c'est-à-peu près cent écus de perdus, nous n'en serons pas plus pauvres.

La Mère DESCHAMPS, *vivement et lui serrant la main.*

Tu ne dis pas assez, mon ami.... C'est un enfant de gagné, et nous n'en serons que plus riches.

Le Père DESCHAMPS, *gaiment.*

Je gagerais....

LE MAIRE.
Et moi aussi...

DESCHAMPS, aîné.
J'entends, ma mère, et tous nos cœurs seront d'accord.

Le Père DESCHAMPS, à sa femme.
Air du Port Mahon.
A ta joyeuse mine,
De nous, de nous, chacun te devine...

La Mère DESCHAMPS.
Comme femme j'opine, pour parler avant tous,
Avant tous, avant tous.
Silence, attention ;
Voici ma motion :
n'est-il pas nécessaire,
Que cet enfant, sans plus de mystère,
En présence du maire,
soit par nous adopté.

Le Père DESCHAMPS.
Adopté,

Tous.
Adopté, adopté.

LE MAIRE.
Cet écho de bonté,
S'est trop bien répété,
Pour que j'hésite à faire
Ce qui dépend de mon ministère.

(*Aux autres municipaux.*)
Par vous à l'ordinaire
Que tout soit apporté....

Les Municipaux, *emmenant chacun un des deux enfans.*
Adopté, adopté, adopté.

SCÈNE VIII.

Les précédens, *excepté* LES DEUX MUNICIPAUX et LES DEUX ENFANS.

La Mère DESCHAMPS.

Citoyen maire, est-ce qu'ils seront long-tems à revenir ?

LE MAIRE.

Il faut bien que l'un aille prendre là le code civil et notre registre ; il faut bien que l'autre avertisse notre greffier, quelques témoins, et le tambour ; mais tout cela est l'affaire d'un moment. Nous allons doucement quand il faut prononcer un divorce, mais nous allons un train de poste, quand il s'agit d'un acte qui fait plaisir à tout le monde.

Le Père DESCHAMPS.

Si nous nous remettions à table pour attendre.

DESCHAMPS, ainé.

Volontiers, papa, voilà que l'appetit me revient.

La Mère DESCHAMPS.

Citoyen maire, un petit coup et puis j'irai chercher le dessert. (*Ils se rassayent.*)

LE MAIRE.

Je ne suis pas fâché de vous faire observer le verre à la main, toute l'importance des obligations que vous allez contracter l'un et l'autre. Ce n'est pas comme maire que je vais vous parler, c'est comme citoyen, comme ami. Savez-vous bien que par l'article XVI du titre de l'adoption, l'enfant s'appellera Deschamps comme vous.

La Mère DESCHAMPS,

Tant mieux.

Le Père DESCHAMPS.

C'est tout simple.

DESCHAMPS, aîné.

J'y compte bien.

LE MAIRE.

Oui, sans doute, mais il viendra un tems où son acte de naissance lui sera remis sous les yeux. Un autre nom que celui qu'il portera....

Le Père DESCHAMPS, *vivement*.

Ne lui paraîtra pas meilleur.

AIR : *Vaudeville de l'Afficheur.*

Il aura pris nos sentimens,
En prenant notre nourriture,
Et du nom simple de Deschamps,
Il sera fier, je te le jure ;
Car c'est un nom que mes parens,
Fidèles à l'agriculture,
Ici, depuis quatre cents ans, (bis) Avec la mère
Tiennent de la nature. et le fils.

LE MAIRE.

A la bonne heure.... A la santé de tous les laboureurs de la République.

Tous.

A leur santé.

LE MAIRE.

Ah ! ça, dites-moi maintenant, si vous ne craignez pas que votre petit bonhomme venant à l'âge de raison.

Même air.

On a vu des enfans bien doux,
Vivre au berceau d'intelligence,
Et devenir entr'eux jaloux
Sitôt qu'ils prenaient connaissance.

La Mère DESCHAMPS.

>Contre cet accident commun (*bis.*)
>Voilà quel soin sera le nôtre :
>Il n'embrassera jamais l'un (*bis.*)
>Que je n'embrasse l'autre.

LE MAIRE.

Ce ne sera pas mal vu.

La Mère DESCHAMPS.

A la santé des bonnes nourrices républicaines

TOUS.

C'est dit, c'est fait.

LE MAIRE.

Il ne me reste qu'une petite inquiétude, c'est de savoir si notre canonnier partage, aussi vivement que vous, le plaisir d'une action qui va vous être particulière à tous les deux ?

DESCHAMPS, ainé.

Peux-tu le demander, citoyen maire.

Même air.

>De mon bon cœur sois donc certain ;
>Fraternité c'est ma devise,
>Sitôt qu'on est républicain
>Ce sentiment nous électrise.
>A l'éprouver pour cet enfant,
>Que je goûterai donc de charmes ;
>Déjà mon cœur l'éprouve en grand, (*bis*) avec
>Pour tous nos frères d'armes.   *tous.*

A la santé de tous nos frères d'armes.

LE MAIRE.

C'est-à-dire, de tous les bons Français, car tous les citoyens sont soldats. Il était tems de généraliser, car à force de boire à la santé des autres, nous pourrions bien.... (*Il hausse son verre.*)

Le Père DESCHAMPS.

N'aye pas peur, il est tel que le ciel nous l'envoye, et je suis bien aise que tu y fasse fête; ce n'est pas comme maire que tu t'es remis à table : tu nous l'as dit toi-même, ainsi, mon ami, mon camarade finis ce verre de vin en même-tems que moi.... et touche-là.

LE MAIRE.

Deschamps, Dechamps, il y a long-tems que je te connais et les détails dans lesquels nous venons d'entrer, me confirment dans la bonne opinion que j'avais de tout ce qui t'entoure. Ta femme et toi vous m'allez faire un plaisir dont vous ne vous faites pas d'idée.

La Mère DESCHAMPS.

Qu'est-ce que c'est donc?

LE MAIRE.

Air : *Vaudeville de l'île des Femmes.*

Chaque fois que nous nous rendions
Dans la salle de la commune,
La feuille des adoptions,
Par son blanc m'était importune;
J'enrageais tout bas.... Mais
Quand votre nom sera cité,
En tête d'un tableau si sage ;   (bis.) *En chœur.*
J'espère que l'humanité
Viendra remplir toute la page.

SCENE IX.

Les précédens, LES DEUX ENFANS.

CADET.

Papa! papa! vite mon tambour?

BENJAMIN.

Maman, où est-ce que tu as serré mon drapeau? (*Tout le monde se lève et des garçons de ferme enlèvent la table.*)

La Mère DESCHAMPS.

L'étourdi ; le voilà ton drapeau.

Le Père DESCHAMPs.

Tiens, mon ami, voilà ton tambour.

CADET.

Merci, merci, nous allons rentrer avec tout le cortège qui est dans la cour. (*Ils sortent.*)

LE MAIRE.

Allez chercher votre nourrisson, c'est le dessert que vous nous avez promis.

La Mère DESCHAMPS.

J'y vole.

DESCHAMPS, ainé.

Allons nous rajuster sans perdre de tems.

Le Père DESCHAMPS.

Courons vite percer un second quartaut et vive la joie.

SCENE X.

LE MAIRE, *seul, tirant son écharpe.*

Quelle différence des cérémonies de l'ancien régime avec celles du nouveau ! et qu'un maire est heureux en comparaison d'un bailli.

Air : *Des Portraits à la mode.*

Les jours d'allégresse endoser l'habit noir,
Ceindre un manteau court, de gands blancs se pourvoir,
Outrer la coëffure en outrant le pouvoir,
   Baillis, c'était votre usage.
Gardons nos habits simples comme nos mœurs,
ornés d'un ruban qui plait par ses couleurs :
Au nom de la loi nous commandons les cœurs,
   C'est avoir sur eux l'avantage.

2ème. *Couplet.*

Autour d'un poteau chargé d'un vil carcan,
Le peuple craintif dansait-il un moment,
Vous présidiez ces jeux d'un ton menaçant,
  Baillis c'était votre usage.
Lorsque autour de l'arbre de la liberté,
Les citoyens font acte d'humanité
Nous mêlons nos chants à leur franche gaieté,
  C'est avoir sur vous l'avantage.

SCÈNE XI.

LE MAIRE, La Mère DESCHAMPS ;

portant son nourisson dans son berceau.

La Mère DESCHAMPS.

Citoyen maire, voici mon second fils que j'apporte.

LE MAIRE.

Ce n'est pas encore ton fils.

La Mère DESCHAMPS.

Je le sais, mais il va l'être. Où convient-il que je le place ?

LE MAIRE.

La cérémonie exige que tu le déposes un instant sous le péristile de la commune.

La Mère DESCHAMPS.

Dans son berceau ?

LE MAIRE.

Assurément.

La Mère DESCHAMPS.

Oh ! qu'à cela ne tienne ; mais je resterai là.

LE MAIRE., *souriant.*

Rien n'empêche.

SCENE XII.

Les précédens, Le Père DESCHAMPS, DESCHAMPS, aîné

DESCHAMPS, *aîné, aidant son père à rouler un quartaut de vin.*

Tenez, papa, laissez-moi faire il ne s'agit pas de force, mais d'adresse.

LE Père DESCHAMPS, *poussant.*

Tu me fais rire, en vérité; tu connais tes canons toi, eh bien! moi mes tonneaux me connaissent, et tu vas voir. (*Il lève la piece et la porte lui seul sur les deux tretaux.*)

LE MAIRE.

Père Deschamps, c'est affaire à toi.

La Mère DESCHAMPS.

Canonnier, voilà le cortège qui s'en vient par la grande rue si tu allais le recevoir, moi je reste à mon poste.

Le Père DESCHAMPS.

Et moi au mien.

(*Deschamps, aîné, tire son sabre et court en tête de la marche qui entre.*)

SCENE XIII.

Les précédens, LA GARDE NATIONALE, CHŒUR DE JEUNES FILLES, LE GREFFIER, LES MUNICIPAUX et LES DEUX ENFANS.

LE GREFFIER, *après que le cortége a défilé.*
Les prénoms du citoyen Deschamps ?

Le Père DESCHAMPS.
Martin, Noé.

LE GREFFIER.
Les prénoms de la citoyenne, et son nom de famille;

La Mère DESCHAMPS.
Marguerite-Therese Lebon.

LE GREFFIER.
Les noms de l'orphelin qu'on adopte ?

LE MAIRE, *bas au greffier.*
(*Haut.*) C'est pour cela qu'on lui en donne d'autres.

LE GREFFIER.
Il suffit.

LE MAIRE.
Continue l'acte dans la forme requise. Il s'agit maintenant d'élever le berceau de l'orphelin à une certaine hauteur; c'est une coutume qui n'est point de rigueur; mais que vous pouvez, sans altérer le sens de la loi, joindre à la cérémonie.

DESCHAMPS, aîné.

AIR: *L'avez-vous vu, etc.*

C'est à l'aîné,

LES DEUX ENFANS.

C'est au cadet,
A l'élever de terre.

Le Père DESCHAMPS.

Rangez-vous tous, c'est moi qui vais.

La Mère DESCHAMPS.

Non, non, laissez moi faire.

LE MAIRE.

Partagez-vous un tel bonheur;

TOUS, *élevant le berceau.*

Il a raison, sur mon honneur,

LES DEUX ENFANS.

Qu'on le tienne à notre hauteur,
C'est le point nécessaire.

LE MAIRE.

N'est-il pas vrai que vous êtes bien aise de supporter cet orphelin?

TOUS, *achevant l'air.*

En sentant palpiter mon cœur,
Je crois être } son père.
{ sa mère.
{ son frère.

La Mère DESCHAMPS.

AIR: *Daignez m'épargner le reste.*

Être suprême, en son berceau,
Protège-le, je t'en conjure,

DESCHAMPS, aîné.

Tu ne permets pas qu'un oiseau
Manque ici bas de nourriture.

Le Père et La Mère DESCHAMPS.

Nous le sauvons premièrement,
De l'abandon le plus funeste,

La Mère DESCHAMPS.
Nous le nourrirons sainement,

Le Père DESCHAMPS.
Nous l'instruirons civiquement;

En Chœur.
C'est à toi de faire le reste.

LE MAIRE.
Voilà qui est à merveille. Citoyen et citoyenne Deschamps, portez la main dont vous êtes libres au-dessus du berceau de l'orphelin.

Le Père et La Mère DESCHAMPS.
Les y voilà.

LE MAIRE.
Citoyen Deschamps, c'est toi que j'interpelle le premier.

Air : Pour vous je vais me décider.

Déclare moi si franchement,
Sans faire à tes fils préjudice,
tu peux adopter pour enfant,
Celui dont ta femme est nourrice.

Le Père DESCHAMPS.
Elle et moi n'avons nul projet,
De faire aucun tort à personne ;
Mais notre bien nous le permet,
Et l'humanité nous l'ordonne.

LE MAIRE
Citoyenne, ratifieras-tu, ce que ton époux déclare par un oui volontaire et prononcé.

La Mère DESCHAMPS.
Oui, citoyen, je te le jure foi de républicaine.

Air : De la piété filiale. (Du poste évacué.)

J'ai dit un oui, j'en dirais deux,
Lorsque l'humanité me guide ;
J'ai prononcé oui, sans être timide,
Pour qu'el l'hymen serrât nos tendres nœuds,

Serais-je aujourd'hui plus peureuse,
en disant un oui généreux.
Ah ! puisse un oui rendre l'enfant heureux,
Comme un oui m'a su rendre heureuse.

DESCHAMPS, ainé.

C'est donc à dire, citoyen maire, que je ne puis être pour rien dans le plaisir d'adopter ce petit citoyen là ?

LE MAIRE.

Que veux-tu, mon ami, ton père et ta mère font tant de bien dans notre commune qu'ils en laissent rarement à faire aux autres.

DESCHAMPS, ainé.

Il ne sera pas dit. (*Bas au maire.*)

LE MAIRE.

C'est juste, ça peut se faire, mais à nous deux et l'arbre de la liberté va nous servir à merveille.

DESCHAMPS, ainé.

N'est-il pas vrai ? Citoyens soldats, garde à vous, à droite et à gauche, en avant, marche, Citoyen porte drapeau, plante-le comme un étendard, bien comme ça, n'ayez pas peur maman, prêtez moi ce berceau, j'en ferai un bon usage.

LE MAIRE et DESCHAMPS, ainé.

Puisse-t'il de ce beau dra-peau, Distinguer les cou-

leurs civiques, Puisse-t'il au faisceau des piques, Souri-re au fond

de son ri-ant berceau, Pa-pa, maman, je vous sup-pli-e,

N'al-lez pas en ê-tre jaloux, Il vous à plû de l'adopter pour

vous, Nous l'adoptons pour la Patrie, Il vous a plû de l'adopter

pour vous, Nous l'adoptons pour la Pa-trie.

LE GREFFIER.
AIR : *Des Billets doux.*

Signez tous quatres.

Le Père DESCHAMPS.

En pareille cas
Je crois que nous ne devons pas
Nous le faire redire.

La Mère DESCHAMPS, *aux enfans.*

Comme vous voilà sérieux ;

LES DEUX ENFANS.

Vraiment nous serions gais tous deux
Si nous savions écrire.

LE MAIRE. *aux citoyens et citoyennes.*

Citoyens, la loi prononce que le citoyen Martin-Noé Deschamps, et la citoyenne Marguerite-Therese Lebon, sa femme, adoptent l'orphelin, ici présent, et lui donnent le nom de Noé Deschamps. La cérémonie est achevée rien n'empêche maintenant que vous ne vous livriez à la joie qui est la suite d'une bonne action.

TOUS.

Vive la République, et la loi de l'adoption.

UN PAYSAN.

Que l'occasion se présente et on verra.

LE MAIRE.

O! mes amis, vous me ravissez!

AIR : *La beauté, etc.*

La vertu sur le vice obtiendra la victoire.
Sur nos remparts fixons la liberté ;
Mais dans nos murs fixons la probité,
En doublant nos plaisirs, c'est doubler notre gloire;
Mais dans nos murs, etc.

Le Père DESCHAMPS.

Que les parens,
Il en est tems,
Convoquent tous leur famille chérie,
Moi, je prendrai la main d'une épouse jolie,
Et nous dirons à nos enfans :

Le Père et La Mère DESCHAMPS, *aux enfans*.

Espoir naissant de la patrie.
par notre bouche elle vous crie :
Ouvrez vos cœurs aux bonnes mœurs ;
C'est aux mœurs (*bis*) qu'on doit les bons cœurs. (*bis*)

CHŒUR DE FEMMES.

Ouvrez vos cœurs, etc.

CHŒUR GÉNÉRAL.

La vertu sur le vice, etc.

LE MAIRE.

Citoyens, je vous invite à venir passer le reste de la soirée chez moi, on y dansera, on y boira, on y fraternisera.

Le Père DESCHAMPS.

Ce n'est pas de refus.

La Mère DESCHAMPS.

Un moment, s'il vous plaît, que j'aille chercher mon autre fils, les tambours l'auront reveillé et il faut qu'ils s'accoutument à sortir ensemble.

VAUDEVILLE.

LE MAIRE, *au Père Deschamps en lui présentant son fils adoptif.*

Air : *Vaudeville de Figaro.*

Aussi-tôt qu'il saura lire
Les actes par vous souscrits ;
Du bienfait qu'il vous inspire,
Ses baisers seront le prix.
Mais par son joyeux sourire,
En attendant il vous dit :   (*bis*) *en chœur.*
Est bien père qui nourrit..

DESCHAMPS, aîné.

Femme à ton, femme à caprice,
Tu fais voir un vain dépit ;
Quand ton fils chez ta nourrice,
En te carressant te fuit ;
C'est pourtant une justice,
Et d'un seul geste il te dit,   (*bis*) *en chœur*
Est bien père qui nourrit.

Le Père DESCHAMPS

Si d'être un homme inutile,
Quelque vieux garçon rougit,
Qu'il vole au fond de l'asyle,
Où l'enfant trouvé gémit.
D'une voix douce et fragile,
Tous lui crieront de leur lit :
Est bien père qui nourrit.   (*bis*) *en chœur.*

La Mère DESCHAMPS, *son fils dans ses bras.*

Voilà mon fils ; donnez-moi l'autre.... bon.... me voilà prête à vous suivre tous à la commune. Attendez-donc......

Le Père DESCHAMPS, *avec impatience.*

Est-ce que tu as encore oublié quelque chose ?...
Les femmes.... les femmes.....

La Mère DESCHAMPS.

Les femmes elles ! songent à tout.

C

Même air. Au public.

Voici l'instant où pour cause,
Malgré sa paternité ;
Tout auteur, craignant la glose,
S'enfuit presque epouvanté ;
Mais de l'enfant qu'il expose,
Citoyens sans contredit :
Est père qui l'applaudit.   (bis.) *le chœur.*

F I N.

CATALOGUE

Des pièces du Théâtre du Vaudeville, et autres nouveautés qui se trouvent chez le Libraire, au Théâtre du Vaudeville, et à l'Imprimerie, rue des Droits de l'Homme, N°. 44.

Les deux Panthéons, en trois actes, par le C. Piis.
Les mille et un Théâtres, en un acte, par le C. Desfontaines.
L'Isle des Femmes, en un acte, par le C. Léger.
La Revanche forcée, en un acte, par le C. Deschamps.
Arlequin Afficheur, en un acte, des CC. Barré, Radet et Desfontaines.
Le Projet manqué, ou Arlequin taquin, en un acte, par les mêmes.
Le Petit Sacristain, en un acte, par le C. Maurort.
Piron avec ses amis, en un acte, par le C. Deschamps.
Nice parodie de Stratonice, en un acte, par le C. Despréz.
Favart aux Champs Élysées, en un acte, par les CC. Barré, Radet et Desfontaines.
Arlequin, Tailleur, en un acte, par les CC. L. et T.
Georges et Gros-Jean, en un acte, par le C. Léger.
La Gageure inutile, en un acte, par le même.
Nicaise Peintre, par le C. Léger.
Arlequin, Friand, en un acte.
L'Heureuse Décade, en un acte, par les CC. Barré, Léger et Rosières.
Le Saint déniché, en un acte, par le C. Piis.
Au Retour, par les CC. Radet et Desfontaines.
Encore un Curé, en un acte, par les C. Radet et Desfontaines.
La Plaque retournée, en un acte, par les CC. L. et T.
Le Savetier et le Financier, en un acte, par le C. Piis.

Le Faucon, en un acte, avec la musique, par le C. Radet.
Le Noble Roturier, avec la Musique, par le même.
Les Volontaires en route, en un acte, par le C. Raffard.
La Nourrice Républicaine, en un acte, par le C. Piis.
Etrennes Lyriques, pour l'an deux de la République, (1794, vieux style.)
La collection des mêmes, formant 14 vol.
La Consolation des Cocus, avec figures.
Les Faveurs du Sommeil, vol in-18, figures; prix 2 liv. 10 s.
Chansons Patriotiques du C. Piis, avec les airs notés, vol. in-18. figure.
Nouveau Recueil de Romances, Chansons et Vaudevilles, par Berquin, avec les airs notés, vol. in-8.
Le Guide des Actionnaires de la Caisse d'Epargnes, vol. in-18. avec tableaux.
Et autres nouveautés.

Sous presse, et qui paraîtront incessamment.

ARLEQUIN Joseph, en un acte, par le C. Mautort.
Arlequin Pigmalion, en un acte, par le C. Dossion.
La Matrone d'Ephèse, en un acte, par le C. Radet.
Le Prix, ou l'Embarras du Choix, en un acte, par le même.
La bonne Aubaine, en un acte, par le même.
La Fête de l'Egalité, en un acte, par les CC. Radet et Desfontaines.
Le Divorce, en un acte, par le C. Desfontaines.
Le Poste Evacué, en un acte, par le C. Deschamps.
Le Sourd guéri, en un acte, par les CC. Barré et Léger.
Les Vieux Epoux, en un acte, par le C. Desfontaines.

www.ingramcontent.com/pod-product-compliance
Lightning Source LLC
Chambersburg PA
CBHW060706050426
42451CB00010B/1296